Papa Soleil et maman la Terre créent la vie

Conception et illustrations : Patrick Arguin
Collaboration et textes : Michèle Rappe
Support, coaching et collaboration : Hélène Beaudette

Pour avoir permis à OUTILS POUR LA VIE de voir le jour par sa présence bienveillante et son support inconditionnel,
j'offre à Hélène Beaudette toute ma joie et ma gratitude. Mille fois merci !!

Il était une fois, au milieu des étoiles,
une planète bleue qui s'appelait la Terre.

Son voisin, un astre brillant de mille feux
qui la regardait tourner, s'appelait le Soleil.

La Terre portait beaucoup d'eau qui recouvrait presque totalement le sol. Le Soleil était très chaud et lumineux.

Chaque jour, la Terre et le Soleil se parlaient et apprenaient à se connaître. Un matin, ils découvrirent que leurs coeurs débordaient d'amour.

Le temps passait; la Terre et le Soleil s'aimaient de plus en plus. Ils eurent envie de créer ensemble un jardin.

Ils s'amusaient beaucoup, cherchaient des idées pour leur projet et lui trouvèrent même un nom...
Ils l'appelèrent la Vie.

La Terre décida de partager un secret avec le Soleil : j'ai découvert qu'il y a un merveilleux arc-en-ciel de sagesse au fond de tous les coeurs, expliqua-t-elle. Le Soleil fut tout ému !

Ils rêvaient à leur jardin.
C'est la Terre qui porterait la Vie et elle commença à se préparer avec l'aide de son compagnon.

Le Soleil réchauffait la Terre, et l'eau s'évaporait petit à petit.
Parfois, des nuages envahissaient le ciel et parfois il pleuvait,
mais la douce chaleur du Soleil revenait toujours.
La planète bleue changeait, et le sol était de plus en plus visible.

Enfin, le jardin apparut !

La Terre et le Soleil étaient ravis d'être devenus maman et papa.
Ils rayonnaient d'amour.

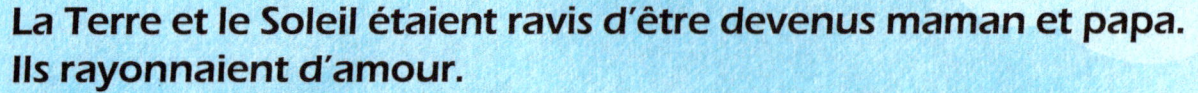

Mais un matin, ils s'aperçurent que le jardin avait mauvaise mine. Inquiets, maman la Terre et papa Soleil demandèrent conseil à une fidèle amie.

La Lune rassura ses amis : c'est en apprenant à bien respirer que maman la Terre permettra au jardin de s'épanouir, expliqua-t-elle. Mais comment faire? demandèrent maman la Terre et papa Soleil.

– Chère Terre, as-tu oublié ton arc-en-ciel de sagesse? dit en souriant la Lune.

Maman la Terre ferma alors les yeux pour ressentir ce qu'il y avait au fond de son coeur.

Une douce sensation l'imprégna et un sage lui apparut sous la forme d'un lutin rouge.

Rouge guida maman la Terre :
– Inspire lentement par le nez et sens ton ventre
qui se gonfle... Ensuite, souffle doucement par
la bouche et sens ton ventre qui se dégonfle.

En respirant avec douceur et à son rythme,
maman la Terre ressentit un grand bien-être.

À son tour, maman la Terre parla au jardin de l'arc-en-ciel de sagesse que chacun possède au fond de lui.

Elle expliqua comment aller dans son coeur pour rencontrer le lutin Rouge, ce merveilleux sage qui aide à trouver une respiration lente et profonde.

Et avec amour, elle proposa au jardin d'apprendre à bien respirer.

Le jardin a appris à respirer
et il s'épanouit de plus en plus.
Il prend de longues inspirations...
Hmffffffffffffffffff!

... suivies de longues expirations.
Pfffffffffffffffffffffffffffff!
Inspire. Hmfffffffffffffffffffff!
Expire. Pfffffffffffffffffffffffffffff!
Inspire. Hmfffffffffffffffffffff!
Expire. Pffffffffffffffffffffffffffffffff!

Tous les habitants du jardin connaissent maintenant l'arc-en-ciel de sagesse.

Quand ils se sentent moins bien, ils s'arrêtent un instant, ferment les yeux et pensent au lutin Rouge; ils prennent le temps de respirer lentement et profondément pour retrouver leur bien-être.

Dans le ciel, quelques étoiles filantes font la fête pour maman la Terre et papa Soleil qui enveloppent d'amour le jardin.

Maman la Terre respire avec confiance, et papa Soleil raconte parfois l'histoire du lutin Rouge.

Et la Lune?
Elle est encore auprès de ses amis.
Ravie, elle sourit dans le ciel et elle veille sur le jardin endormi. Elle sait qu'un coeur rempli d'amour est un trésor extraordinaire pour la Vie.

Rappelle-toi...

Comment faire pour respirer comme maman la Terre?

Ferme les yeux et dépose une main sur ton coeur, et l'autre main sur ton ventre. Inspire doucement par le nez, et expire doucement. Sens ton ventre qui se gonfle et se dégonfle. Fais-le trois fois.

Pourquoi est-ce important de respirer ainsi?

Si tu sens le besoin de te détendre, respirer de façon lente et profonde aidera ton corps et ton coeur à s'apaiser et à refaire le plein d'énergie. Ce petit moment de douceur peut vraiment t'aider à retrouver ton rythme et à passer une belle journée!

Et si je suis trop agité ou énervé?

Même si tu es agité ou énervé, prends le temps de respirer doucement et profondément. Cela t'aidera à retrouver ton calme et ton bien-être.

La collection de livres

Outils pour la vie
Pour la confiance et l'estime de soi

1 **Papa Soleil et maman la Terre créent la vie**
La respiration/Garder ou retrouver son rythme

Respirer est essentiel à la vie; bien respirer est un formidable outil pour retrouver le calme et la paix en étant à l'écoute de son corps et de son rythme personnel.

2 **Grujo et l'arc-en-ciel intérieur**
La méditation/Retrouver son calme intérieur

En chacun, il y a un havre de paix et de sagesse; la méditation est un outil pour établir ou rétablir le contact avec cet espace personnel.

3 **Colin découvre la confiance**
L'enracinement/
Développer la confiance et la force

Grandir est une succession d'étapes importantes qui s'accompagnent parfois d'hésitations et de peurs; la confiance en soi solidifie la base, les racines…

4 **Colin, Grujo et l'amitié**
La connaissance de soi/Aimer et apprécier

Établir des relations saines avec les autres suppose que la confiance en soi et l'estime de soi soient de plus en plus présentes; apprendre à s'apprécier est un cadeau pour la vie.

5 **Le choix…**
Le discernement/Être à l'écoute de soi

Apprendre à écouter la petite voix intérieure et à lui faire confiance, c'est apprendre à garder son cap dans toutes les situations.

6 **Le courage de Colin**
L'affirmation/Se faire confiance

S'affirmer n'est pas s'opposer, mais s'appuyer, avec confiance, sur l'estime de soi pour prendre sa place et la conserver dans le respect de soi et des autres.

7 **Trop… c'est trop !**
Le respect de soi/Oser être soi-même

Établir une bonne communication implique aussi d'exprimer ses émotions et son état d'être de façon adéquate. Cela ressemble, parfois, à un défi!

8 **Grujo retrouve son bien-être**
La responsabilisation de soi/
Encourager l'autonomie

Grandir, c'est aussi apprendre à gérer ses émotions, acquérir de plus en plus d'autonomie et également se responsabiliser.

Les ateliers

Outils pour la vie
Pour la confiance et l'estime de soi

Conçus spécialement pour les petits, les ateliers sont l'occasion d'explorer en groupe les différentes thématiques abordées dans les histoires de la collection Outils pour la vie. Accessibles et variés, ils permettent d'outiller l'enfant afin qu'il puisse mieux se connaître et renforcer sa confiance et son estime de soi.

La méditation...
Élément-clé des ateliers, la méditation est un merveilleux outil d'autorégulation physiologique, mentale, et émotionnelle que les enfants peuvent apprendre facilement.

Pour en savoir plus, consultez le site Internet :
www.outilspourlavie.com